ARISTAS
ANCESTRALES

Miriam Mejía
Aristas ancestrales
Poemas

© 2010 Miriam Mejía

ISBN 978-0-9816086-2-4

Diseño gráfico, tipografía y arte de portada por
Patricia Alvarez
Revision por Graciela de la Cruz

www.miriammejia.com

Una publicación de Guapané, www.guapane.com
Impreso en los Estados Unidos de América.

ARISTAS ANCESTRALES

+++

MIRIAM MEJÍA
2010

*

Guapané
www.guapane.com
New York

CONTENIDO

Ancestras

GRAN HONRA ANTE EL LEGADO
DE LOS CAMINOS DE LUZ
TRILLADOS POR MIS ANCESTRAS.

Ancestra I

Mujer taína, abuela de abuelas
de abuelas sin descendientes.
Te busco por caminos imprecisos,
escudriño tu sombra transparente,
por veredas tapizadas de olvidos.

Guardiana de cacicazgos violentados,
tus huellas se desdibujan
en tu isla verde,
danzante ofrenda
de légamos tiernos,
flotando en corrientes
de aguas vivas,
por escondrijos inhabitados.

Eres fécula mística,
cocida en burenes imaginados.
Homenaje silente, a la diosa
de la abundancia y la sabiduría.
Barro de mágico moldeado.
Parto de zemies en tiempos de sequía.

Temblor de agua, luz de luna,
rumor de marea indecisa.
Esquirlas de oro,
en el cedazo del tiempo recogidas,
adornan por siempre
tu laboriosidad infinita.

Sorpresa temprana,
serenidad mancillada,
rabia desbordada,
sobresalto en tropel.
Areito trunco,
en el desolado batey.

Tristezas tantean alivio
en el verdor de las caobas.
En el silencio de los mayohuacanes,
Atabeira llora lluvia
e imponente desciende
al ritual de la cohoba.

Trueque impune, historia rota,
repliegue de pisada silenciosa
por rutas de petroglifos en vigilia,
hasta el vientre mismo
de la madre generosa.

Restos de sonrisas quebradas,
acunan en sacros espejos
de ríos subterráneos.
Reniego tu ausencia
y un sollozo solitario se precipita
en la solemne oscuridad
de tu santuario.

Tu presencia se corporiza,
en la música de una gota de agua,
deslizándose en tierna caricia
desde la cúspide
de un arco iris de cristal.

Relucientes estalactitas
y estalagmitas,
te saludan reverentes.
Palabras silentes flotan
en la oscuridad total.

Mujer taina... te siento,
saludo tu encuentro,
abrazo tu halo,
te despido, me despido en paz.

"Hay muchas cosas
cómicas en el mundo,
entre ellas, la creencia
*del hombre(**mujer**) blanco(**a**)*
de que es menos salvaje
*que esos(**as**) otros(**as**)*
*a los que el(**ella**) llama salvajes"*

Mark Twain

Ancestra II

Mujer traída de España
de mantillas revestida,
madre, esposa, hermana, hija
o amiga del invasor.
No hago más que pensarte indecisa,
ante la violencia desplegada
por las huestes del conquistador.

Viajaste días y noches
en la misma carabela,
con la mirada perdida
en el horizonte,
oteando a babor y a estribor.

Por fin, arribaste
a la hermosa isla violada,
conociendo de antemano
acerca de su riqueza,
de su oro,
de su foresta rabiosa
y de su sol.

Mujer soltera,
cazada para la ocasión,
por ello quizás te exima de culpas,
fuiste pasajera de segunda,
llegaste en uno de esos viajes
del oprobio,
por obligación.
Tus sueños fueron violentados,
ignoraron tu propia decisión.

Mujer invasora,
deviniste en colonizadora.
Presenciaste el escarnio,
las vejaciones,
las dentelladas de la esclavitud,
la sinrazón.
Un absurdo de la vida,
te pensabas superior.

Beneficiaria de las encomiendas,
vanagloriada por la asignación,
cómoda, abanicándote
con cansadas manos ajenas,
mujer oprimida y opresora,
eslabón-vergüenza de un sistema
de discriminación.

Recluida en castillos y casonas,
fuiste testigo silente
del pillaje y la opresión,
No visitas a los pueblos indios,
prohibido el contacto
con "esa población".

Ramilletes de años
se desgajaron sobre la isla
mezclando diferencias,
definiendo otro color, otro dolor.
A tu vista el batey se quedó desolado,
conociste el mundo cimarrón.

Tu presencia en categorías
se entronizó,
por aquí la mestiza,
por allá el mulato,
acullá el cuarterón,
complejas referencias construidas,
formas de encubrir lo inocultable,
la omnipresencia del discrimen
y la separación.

Hoy reviso el paradigma
y hurgo en tu legado clasificador,
reconstruyo el atavío
de un referente positivo,
una descendiente
de las descendientes
de tus descendientes,
quien se busca en las palabras
que la brisa del tiempo trajo consigo
y su marca nos dejó.

Ancestra III

Mujer robada de África,
abuela de las abuelas
de las abuelas
de mis abuelas esclavas.
Eres eco lejano
de tambor libertario,
resabio de distancias cercanas,
dolor inmenso
de cercanías alejadas.

Violentada arribaste a orillas
de un mar desconocido,
destilando penas,
arrastrando olvidos,
llenaste de caracoles
tus manos huérfanas
y proseguiste solitaria,
por la incertidumbre
de caminos retorcidos.

Sanadora de la tristeza de muchos,
danzaste con frenesí
instantes únicos,

buscando mitigar el dolor esclavo,
muy profundo,
en los corazones oculto.

Dolida en tu amargura y a escondidas,
corriste a parir entre manglares.
Tu sudor se lavó con lluvia.
Tu cuerpo descansó somnoliento
en las salinidades.

Estoica lloraste
el nacimiento de uno de los tuyos,
de rostro marcado
por el látigo del amo verdugo.
Cantaste y bailaste
tu muerte cotidiana,
en ritual nuevo y viejo,
búsqueda tenaz por exorcizar yugos.

Redentora de cuerpos expropiados,
sufriste por todas y todos,
cada marca, cada humillación,
trastocando la ignominia rutinaria,
del vergonzoso proceso
de domesticación.

Destilando soledades,
entretejiste claves sincréticas.
Bordaste trajes de colores,
enhebrándolos con el hilo del silencio.
Paciente esculpiste con pulcritud,
la máscara del consuelo
y con el disfraz del tiempo,
te preparaste a curar,
los dolores de tu pueblo.

Mujer esclava, mujer liberta,
lloraste la certeza de tu situación,
tus lágrimas mojaron surcos nuevos,
de un camino incierto
hacia la liberación.

Hoy te rescato, me rescato
y me urge resarcirte,
de indiferencias viejas,
de congojas repetidas.
Las hijas de las hijas
de la hijas de tus hijas,
escudriñamos en tus enseñanzas,
sentimos orgullo
del legado de tu vida.

SOY

Soy preguntas,
casi nunca respuestas.

Canto a mi negritud

Jabá, jabá, soy una negra jabá.
Gamba y jabá.
Si, así como lo oye,
una negra desteñía.

Soy una negra guillá,
que siempre anda alisá,
patizamba y entaconá
y mi bemba sin pintá.

Orgullosa de entendé
el origen de mi pa'trá.
A veces me cuelgo argollas
en mis orejas achicharrá,
aprovecho y busco el negro
que dormita ahí detrá.

Mi mama una negra linda
que convoca a Yemayá,
se casó con Don Aníbal
quien la quiso de vedá,

Hijo de Mamá Belica,
¡vaya puez! una blanca de pu'allá.
Mujer hacendosa y humilde
a quien le gustaba comei,
ei sancocho e'cagne pueico,
cocinao por mi Mamá.

Soy nieta de Mamá Martha y Pa'Feli,
dos negros en el más allá,
quienes nunca se enteraron
que del horno yo salí,
una negrita jabá.
Jabá, jabá, ¡soy una negra jabá!

Soy

Soy sonoridad de palabras viejas,
de rítmico repicar
en diapasón de agua.
Danza nostálgica, aterida de frío,
en noches aladas,
bañadas de luz plenilunar.

Reflejos de certezas
en espejo solitario,
búsqueda latente,
andanzas desconocidas,
pasos inciertos,
afirmaciones construidas,
conatos de incertidumbres
a plena luz del día.

Soy manojo de carencias,
plenitud de afectos realizados,
candil de mis recuerdos,
malquerencias exorcizadas,
sueños de colores
de mis temores guardados.

Corriente jubilosa de errante río,
sumatoria de incógnitas,
prodigio del amor,
premura,
sosiego,
desafío.
Soy ayer,
hoy,
quizás mañana,
todo…¡nada soy!

AMORES

AGRADECIDA DE LA VIDA POR LA
PRESENCIA DEL AMOR EN MI EXCISTENCIA.

Susurros

Tanteo tu placidez,
acunada en la cercana lejanía
de tus sueños.
Te busco persistente,
en claroscuro te encuentro.

Permeada de murmullos,
mi cuerpo se regocija en el tuyo.
Arrimada a tus recovecos,
exploro alturas,
desando conocidos trechos.

Es ternura vertida en un instante,
instante sorpresivo,
instante repetido,
instante siempre nuevo.

Candorosa doy,
estremecida recibo,
en éxtasis sublime
anido entre susurros

y una gota de sudor
resbala perezosa,
humectando aún más
los ya húmedos caminos.

Adicción

Sufro de adicción por tus abrazos.
Aún en la comunión
y el festejo de uno abarcador,
ya extraño aquel que no me has dado

Parpadeo

Entre tu mirada y la mía,
sólo se interpone un ligero pestañeo.
Temo al maremoto de desencantos,
que pudiera ocasionar tu parpadeo.

AFECTOS

En los afectos que me rodean,
me sostengo y me enriquezco.

Tú

Caminas con la hidalguía
de tus noventa y tres años,
más allá de las cosas de viejos
tanteando con tu inseparable bastón,
el siempre desconocido
camino de la vida.

Con la inmensidad de tus afectos,
guardada celosamente
en el precioso baúl,
de tu memoria cristalina.

Pendiente a los ruidos de la noche,
por donde llega la presencia
de los hijos ausentes.
Presencia silenciosa
que sólo interrumpe,
el balanceo cansado
de tu olvidada mecedora de güano.

Mujer que regresa de todo,
estoica…
fuerte en tu soledad acompañada.

Atenta al ladrido de hambre
de tu perro Chivi,
o a los arrumacos de tu gata Perri.

A tientas buscando en tus bolsillos,
el olor sobrante de un tabaco,
guardado celosamente
de la vista inoportuna,
de inquisidores modernos.

Sobria en tu vestido
de eterno medio luto.
Con tu sonrisa transparente,
colgada de una lágrima pasajera
ante la noticia de que un miembro
de la familia, llega o se va de la vida.

Rejuvenecida,
en tus juegos solitarios de dominó
de fichas incompletas,
de tanto exorcizar tedios inoportunos.

Tú, mujer de siempre,
rebosante de callada dignidad,
me inclino ante ti
para sólo decirte en la distancia;
"…'sión mamá"

"Cuando sientas
tu herida sangrar,
cuando sientas
tu voz sollozar,
cuenta conmigo"

Canción de Carlos Puebla

A mis amigas
Venecia Pineda y
Xiomara Fortuna
en solidaridad resguardada
en la inmensidad
de un azabache

Amiga

Mujer amiga,
eres trillo zigzagueante
entre hierbas estremecidas de rocío,
brisa que retoza juguetona
sobre la piel del viejo río.

Mujer hermana,
silabario no escrito,
re-juego de palabras reinventadas
en un instante
de dolorosa tensión,

amor de cuna,
pasión adulta,
ruego quedo,
quejido roto,
deslizándose a tientas
y en soledad trémula,
por el silencio tímido
de una habitación.

Cadencia de un poema,
cantando a la salud y la sabiduría,
canción de arpegios púrpura
en rítmico nacimiento,
desde las profundidades
del cristal ambarino de un diapasón.
Noche, alba, día en sincrónica trilogía.

Eres enojo liviano,
llanto y congojas compartidos.
Lluvia mustia, granizo rojo,
te de bayahonda y cadillo.
Emplasto de guazábara,
caricia de aloé,
jabón de cuaba,
infusión de tilo,

friega y sahumerio
en reposo bendecido.

Respiración sosegada,
recostada en la madrugada,
convocatoria silente
de exorcismo cotidiano.

Mujeramigahermana,
te admiro en tu quehacer,
todo fluye, todo queda,
no estas sola.
Nos une un brindis vigoroso,
en copas de cristal,
rebosantes de miel,
templadas en la fragua
de la esperanza
y al amparo de solidaridades
anaranjadas de un atardecer.

NATURALEZA

BAÑADA EN CORRIENTES
DE GRATO ASOMBRO
ANTE EL HERMOSO MISTERIO
DE LA NATURALEZA.

Mar

Eres mi pasión azul,
en lágrimas celestes derramada.
Tu inmensidad me espera,
despojado de prisas,
adormecido en el vaivén
de tus eternos oleajes.

Eufórica regreso a ti,
en búsqueda cíclica
de tu abrazo cálido .
Te re-encuentro,
ora iracundo, ora apacible,
recostado en los matices del tiempo
de tus arenas leales.

Te miro, me deleito,
estoy de nuevo a tu lado.
Tu aroma me hipnotiza,
Corro y presta desando
las huellas inexistentes
de mis pasos.

Jubilosa me sumerjo
en la transparencia sanadora
de tus viejas aguas.
Etérea, bailo la cadencia
de tus oleajes.

Estaciones

Primavera, festival de colores
en olores conjugado,
brisa jugueteando en las alas
de un zumbador polinizado.
Amores tiernos,
vuelos jubilosos,
nidos estrenados.
Disímiles verdes,
por la naturaleza pintados.
Vida en ciernes,
incógnitas en letargo.

Sólo en Verano, vientos espesos
descienden sobre el mar,
abrazan olas mansas
y retozan en complicidad.
Una lluvia repentina,
acaricia calores desbordados,
el sol desde lo alto se divierte
y calienta sin reparos.
Es alboroto verde silencio,
explosión de anhelos convocados.

Anaranjados ascienden,
subvirtiendo ríos verdes,
hojas temblorosas se despiden
en levísimo planear,
chubascos de nervaduras
barridos por el viento sin cesar.
Tranquilo Otoño, llegaste
y ya casi te vas.
Eres mirada serena,
por caminos desbrozados.

Senderos satinados
de blancos únicos,
lluvia-hielo, vientos gélidos
en pertrecho.
Los árboles desnudos,
tiritan en desamparo,
el frío cala,
implacable el Invierno ha llegado.
Atisbos del final de la ruta,
para el retorno esperado.

CAMINOS

MIS PASOS HAN TRAZADO
DESCIFRADOS LABERINTOS,
MI ALMA SE REGOCIJA
ANTE LA MARAVILLA
DE MIS RECORRIDOS SENDEROS.

A los Haitises

Santuario del silencio
tus caminos de agua
deshacen malas intenciones
de testaferros del oprobio.

Tus nubes bienhechoras
se derraman en música
sobre tus mogotes,
exorcizando voces agoreras
de quienes intentan profanarte.

En lo alto de tus tierras,
gavilanes, lechuzas y tijeretas,
conviven armónicos
con la música del viento y la magia verde
de las ceibas, el cedro, la cabirma,
la caoba, el jobo, el capá.

Tus manglares de colores,
confiados, entretejen sus raíces
en tus marismas solidarias,
al margen de intentos malsanos,

que persiguen trastocar
la paz de tu entorno.

En dos millones de años,
la naturaleza paciente,
esculpió tus piedras y tus cuevas,
desde donde tus ancestros,
vigilan tus reservas.

Haitises, tierra alta y pródiga,
madre nutricia de ríos,
hogar sacro de la jutía,
la paloma coronita,
el selenodonte, el manatí.
El compromiso contigo es inmenso,
desde muchos corazones,
la solidaridad seguirá fluyendo hacia ti.

A Bahía de las Águilas

En tibio ósculo azul,
tus aguas cristalinas
acarician sin cesar tus blancas arenas.
Pedernales rojos y arrecifes coralinos
resguardan tus escarpados caminos.

Eres canto a la armonía
y al renacer constante de la vida.
Esquina remanso de paz
en tu media isla en desconsuelo.

Cercana, galopa la codicia
de voraces piratas y mercaderes modernos,
empañando de vergüenza
tus transparentes cielos.

Son los mismos que con saña saquearon
tus rojizas tierras colindantes,
expoliando y convirtiendo en esqueleto
la bauxita fronteriza de tu entorno.

Coros de voces resuenan por lo alto,
para denunciar con energía,

que nadie ose equivocarse,
porque tú, Bahía de la Águilas,
prodigio del Cacicazgo de Jaragua,
¡ni te alquilas! ¡ni estas en venta!

Gran Cañón

¡Kaibab!, ¡Kaibab! Loas a ti
gran montaña invertida,
santuario de piedras bendecidas,
naturaleza sacra orlada de encajes,
belleza derramada en tus pedernales
por el tiempo y el viento cincelados.

En medio del silencio virgen y noble,
tus descendientes navajos,
Hopis y apaches
te saludan reverentes.
A tus puertas cantan y danzan,
exorcizando mares de locura,
en lontananza perfilados.

En el asfalto serpenteando hacia ti,
ascensos-descensos
en comunión absoluta.
Los Ángeles bifurcados te rastrean,
a través de perennes valles de cactus
a tus pies descolgados.

Siete mil pies de mística altura,
enseñoreados en mudo tributo,
a tu línea perfecta,
acunada en la altivez de tu planicie.

Tus honduras se regocijan,
dando vida al alegre cauce
del Río Colorado.
Sus aguas acarician
las profundidades,
de tu cristalino vientre.

Animales sagrados
se alimentan de tu esencia.
Verde manto,
verde revestido de verde.
Savia evaporada, lluvia redentora,
alimento dador de vida
a la alquimia de tu desierto.
Entre blancos derretidos en azules
y en tu cúspide mágica e irrepetible,
el ángel de tu guarda
con sonrisa triste,
se refugia entre tus piedras.

Montañas hermanadas se diluyen,
en un beso azul trasparente,
impregnado en la distancia
de caricias plateadas.

La pirámide de keops
recibe majestuosa,
un concilio eterno
de dioses, diosas
y sabios solidarios.
Brahma, Buda, Ra,
Shiva, Salomón, Isis,
Osiris, Confucio,
Vishnu, Apolo, Zoroastro,
ungidos de sahumerios lila
protegen tu templo-santuario.

El desierto florecido
eleva loas multicolores,
el ocotillo y la zábila te saludan,
con pétalos anaranjados.

Gigantes saguaros
con sus brazos en cruz
te saludan desde sus alturas,

generosos ofrendan lo majestuoso
de sus flores emblemáticas.

Una anciana nativa americana
sonríe al viento,
con timidez se sienta
a orillas de tus senderos,
rodeada de prohibiciones
y desamparos,
oferta el producto
de su duro trabajo.
Su sudor de siglos
endurece sus mantas
y abrillanta sus enseres de plata.

¡Kaibab! ¡Kaibab!
Corceles apocalípticos,
atentan contra tus acantilados,
contra tus cerros abruptos
y tus profundidades.
Con herraduras de cristal
golpean tus alturas,
galopando sobre tu vientre,
profanan tu sacro paisaje.

Machu Pichu

Montaña vieja, tus rocas,
talladas por aguaceros ancestrales
sobreviven la avalancha
de pisadas extrañas.

Guardiana del movimiento
de los astros,
rastreo las alturas de tu reino
a través de ríos, montanas
y acantilados.

Llego hasta ti,
en medio de corrientes
preñadas de desasosiegos
y huecos ruidos metálicos.

Cantos de niños obreros nos saludan
desde tus recovecos,
sus pasos se descuelgan en ti,
te conocen de antemano.

Sigo el trayecto de sus voces,
su sabiduría se adelanta,

sus pisadas, eluden los zigzags
de marcas cinceladas en tu piel
por mercaderes agazapados
desde antaño.

Madre-roca sagrada,
hermana sublime del templo del sol,
miradas repetidas te miran sin ver.
Siento que te invado,
mis pisadas se vuelven llanto.
Una lluvia pertinaz y amorosa
reverente te lava el escarnio.

Yosemite

Amanece con las nubes
rastreando tus caminos.
Bocanadas de neblinas
se descuelgan sobre la vereda
dormitando en cosechas
de singulares rocas negras.

Aspas al viento,
un viejo molino arrulla sueños de siempre.
Gigantes verdes apuntalan
al azul del firmamento.

A merced de un río,
tu recorrido se torna en asombro
y regocijo.

De tus alturas emanan,
torrentes de aguas nuevas
y se derraman en oleadas de encajes,
de un pomposo velo de novia.

El blanco impoluto de un monte calizo,
perenne vigila en la distancia
cual erguido capitán cuidando su navío.
Secoyas centenarias,
solidarias ennoblecen tu entorno.

Rayos de oro bañados de luna nueva
cierran el final de la jornada.
Atardece y me alejo de ti
por los amarillos encendidos
de un displicente sol poniente.

Cierro mis ojos pletóricos
de tu exhuberancia.
Apacible me adormece el viento,
con la placidez de tus verdes,
navegando en mis pupilas.

Gran Muralla

Un silencio de siglos,
humecta de soledades
el caprichoso derrotero,
de tus ladrillos y piedras.

En la argamasa del tiempo,
millones de miradas asombradas,
quedaron para siempre adheridas
a emplastes de sudor obrero y tamarisco,
conformando tus fortificados muros, torres
y tus altivas atalayas .

Como dragón hambriento,
avanzaste desde el mar amarillo,
atravesando estepas y ciudades
hasta llegar a tu puerta de Jade.

Desde entonces, atila y los hunos
deambulan por tus nieblas,
merodeando por siempre,
la codiciada ruta de la seda.

De repente, nuevas huestes
han invadido tus fronteras.
Mao duerme indiferente,
al torrente de aguas occidentales
despeñadas por tus laderas.
Mientras la melodía gingle bell,
extraña resuena en tus milenarias almenas.

HUMANIDAD

DEL QUEHACER HUMANO SOY ALUMNA,
EN CONSTANTE APRENDIZAJE.

Indiferencia

Te arrastras
con tu guadaña invisible
sedienta de fríos agazapados,
lastimera languideces,
entre multitudes ciegas.

Tus garfios se atrofian,
dando zarpazos a imposibles.
Avanzas errática
por tu propio lodazal.
Hambrienta de ti misma,
muerdes tu sombra indiferente.

Injusticia

La rabia me desborda,
escoce la piel y se incrusta
en mis interioridades.
La impotencia trastoca
atisbos de descanso.
Morfeo indiferente,
entrecruza sus brazos
La vigilia se instala sigilosa
en mis parpados,
con lágrimas resecas
afilo la palabra.
La injusticia intranquila,
sueña pesadillas.

Olvido

Aquella mujer anduvo por la vida
sin prisas, ni pretensiones.
Con sonrisa serena y plena,
repartiendo bendiciones.

Toda ternura y compasión,
lo poco que tuvo,
ligera lo compartió.

En su mesa sencilla,
la solidaridad hizo nido
y los escasos alimentos
fueron bondadosamente divididos.

Con la suavidad de sus manos,
el dolor ajeno sanó
y las heridas del alma
con palabras de consuelo reconfortó.

Luego de su partida,
todos y todas comieron
y bebieron en su nombre.
La comunidad agradecida,
pronto su recuerdo olvidó.

Finitud

MI HOY DE AYER,
CAMINA DE LA MANO CON LA INCÓGNITA,
DE SI EL MAÑANA LLEGARÁ A SER.

El espejo

¡Oh! tiempo lisonjero,
no creas que me engañas.
Te ocultas en el espejo,
detrás del diáfano reflejo
de los surcos en mi rostro
y mis plateados cabellos.

Pero… ¿importa si te escondes?
Aunque no te pueda ver,
sé que tus aristas blanquean.
No escapas a tus propias reglas,
tu también envejeces.

Incógnita

Mis pasos de ayer,
en la hojarasca del tiempo
han quedado tapizados.
Los de hoy,
delinean trazos inacabados.
Me intimida la finitud
de mi incierto caminar
hacia la incógnita
del mañana esperado.

PARTIDA

El adiós definitivo es asombro,
es tristeza, es extraño vacío.

Hasta luego

Don Mario Benedetti con su adiós/
un poema se ha extraviado/
sus letras de fuego/
desafían laberintos descifrados/
montan vigilia/
a la izquierda de su roble solitario/
clave poderosa/
de su jardín botánico imaginado/
Usted se ha ido tras la lluvia/
tarareando una milonga/
contento de poder escalar su cielito/
más allá de Montevideo/
Confiado siempre en la efectividad/
de su táctica y su estrategia/
hasta el alegre reencuentro/
con la luz de sus sueños y desvelos/
Las palabras son su escolta/
marchan atentas a lo que sucede/

por el flanco izquierdo/
encargadas de conducirlo a su trono/
en lo alto de un arco iris de versos/
Aquí nos quedamos huérfanas/
y huérfanos de sus certezas/
cuidando sus piedritas ahora solitarias/
permeadas de sus enseñanzas/
…maestro/
no le digo adiós/
sino hasta luego/

Negrita

Te has dormido negrita,
y tus sueños se pueblan
de chacareras y vidalitas tiernas.
Cantos de paz, te arrullan
cuidan de ti y espantan
diablos blancos.
Trasciendes tu sueños
y reinas en el mundo,
de la memoria gigante.
Tu voz, lanza de reluciente obsidiana,
filo amoroso y tierno
devela conciencias dormidas.
Voz denuncia de injusticias,
compañera de todos los sin voz.
Canción-polen por el viento esparcida,
Poncho arcoiris,
poncho protector, sobre el amor
de tus ciudades extendido.

Madre

En la prisa del camino,
entre mis pueblos cotidianos,
un mundo agreste,
enjugado de tristezas,
se renueva en cada palmo.

El desaliento abraza el paisaje
y se afianza en los zarzales,
se entretiene en las pupilas
prisioneras tras cristales.

Mi soledad busca alivio,
corre rauda, furtiva
se agazapa en la vereda,
re-juega en frondosos ramilletes
de buganvillas pasajeras.

Una mariposa saluda mis lágrimas,
solemne se posa en tu ausencia
de ribetes carmesí,
revolotea transparente,
su beso se vuelve flor.

Planea en el desaliento
que tu partida dejó.

Silencio profundo en el entorno
de repente el ocaso llega,
tu sonrisa se torna en recuerdo,
tus manos sanadoras me han dicho adiós.

Madre tu ausencia es asombro
es sollozo, es dolor.
Es palabra rosa ungida por el sol,
legado imperecedero de tu sabiduría,
de tu solidaridad inagotable
y la plenitud de tu amor.

Reivindicación

Muerte ya no lo eres más.
La vida de mi madre
te ha reivindicado.
Los versos de Mario Benedetti
te enaltecen,
la música y las canciones
de La Negra Sosa y Luis "Terror" Díaz
te conducen dócilmente de la mano.

SOLILOQUIO

EN MIS MOMENTOS DE TRISTEZAS Y
CONGOJAS LAGRIMAS ESPONTANEAS E
INCONTENIBLES AFLORAN EN LIMPIDA
CORRIENTE DE SANACION LIBERADORA.

Haití

Atardece sobre mi impotencia
y pienso en el sufrimiento de Haití.

Mi mirada divaga más allá
del horizonte finito,
sin dejar de pensar en Haití.

El sol se derrite
en amarillos de oro en el poniente
y sigo pensando en Haití.

Hay una pena extendida,
larga, tormentosa de grito
contenido y exhalado
y pienso en Haití.

Notas musicales discordantes, congeladas,
se engarzan en el silencio culpable
y pienso mucho más en Haití.

Gritos rojos, verdes, azules,
se expanden traspasando barreras

y retorcidos escombros alienantes
y mi pensamiento vuela hacia Haití.

Vago y divago sonámbula
entre imágenes envejecidas
por siglos de manipulación y olvido
y mi pensar en Haití se torna en llanto.

Sólo entonces sacudo mi parálisis,
enjugo mi impotencia,
me visto de esperanza,
atenta al resonar liberador
de viejas cadenas rotas.
Haití, en el lema de tu escudo está la clave
"L'union Faith la Force".

Tambores nacidos de la noche
resuenan tus colores,
mujeres cantan y espantan la soledad.
Haití tu dolor es desvelo,
el Gaga vuelve a repiquetear para ti.

www.ingramcontent.com/pod-product-compliance
Lightning Source LLC
Chambersburg PA
CBHW061503040426
42450CB00008B/1468